voor Mich & Rika
veel leesplezier
Staf de Wilde
18 juli 08

colofon

- is dit genoeg een stuk of wat gedichten voor de rechtvaardiging van een bestaan. Jacques Bloem –

Omslag, lay-out en tekeningen: Rika Van Dycke
Lector: Roland Ranson
Uitgeverij: Het Beleefde Genot vzw

Project gerealiseerd in samenwerking met Davidsfonds Hamme, kunstgalerij IdPlus Hamme, en cultuurvereniging Het Beleefde Genot Zedelgem.

mei 2010

ISBN 9789078950066

EEN STUK OF WAT

EEN
STUK
OF
WAT

staf de wilde

GEDICHTEN 1973 – 2006

Tekeningen: Rika Van Dycke

HBG HET BELEEFDE GENOT vzw

HET BELEEFDE GENOT
ZEDELGEM

uit

T S J A
(1973)

je handen

je handen vertellen sprookjes
aan mijn huid
van hoge winden
van diepe vissen

ik heb je handen niet gehoord
je handen niet gezien
geroken, ja,
doorsidderd
ik heb je lief
ik heb je handen lief

je handen vertellen sprookjes
aan mijn huid
feeën aan mijn wangen
dwergen in mijn zijden
zo heeft elke tuin zijn lusten
elke vinger zijn verrukking

verrukkelijk zijn je handen
over mijn huid
de poriën zijn luisterend en fluisteren
ik heb je handen lief

ik heb je lief
hou mij in je handen

danse macabre

je grote ogen liefje
zullen grote gaten zijn
wanneer je huid lang al is vergeten
en in je haren larven dromen
van vermetel mooie vlinders

je zachte dijen liefje
zullen poreuze knoken zijn
wanneer mollen rennen door je ribben
en in je bekken de ratten paren

ik zal je schedelnaad weer lijmen
je onderkaak aanroepen
als een goede huisfee
wanneer je huid lang al is vergeten
en over je verkrampte hand de slakken kruipen

twee november

wanneer ik moet gaan
wens ik te vertrekken als de zon
in vele kleuren
misschien zullen enkele dennen ruisen
en wil een lijster schuifelen

het zou enig zijn
zelfs Beethoven is niet zo
ten grave gedragen

wanneer ik moet gaan
wens ik allen ver van mij
zeker gij mijn tere mijn teder geliefde
sta ergens op een dijk en kijk
in het westen hoe mijn ogen bloeddoorlopen
worden dichtgedrukt door de duimen van de nacht

het zou enig zijn

wanneer ik moet gaan
mijn liefste
geef u over aan de nacht
uw klaar lichaam een landerig vers
in het licht van de Schelde

het zou enig zijn

wanneer de maan mijn blauwe lippen kust
en van nevel een traan valt op mijn voorhoofd
zal het enig zijn

zo wens ik te sterven

praat tegen de eeuwige vaak

praat met mij
mijn liefste
wanneer ik zal begraven zijn
praat met mij
wanneer ik op de rand van je bed
zal zitten en naar je lach

praat met mij
telkens je mijn wolkige wangen streelt
en de holten van mijn ogen spreken
praat met mij en vraag mij
al die rare dingen
die men enkel aan schimmen
vragen durft en kan

ik zal wanneer ik ben begraven
komen, en met jou praten
mijn bloot gebeente zal niet weerom
met zijn bek vol tanden staan

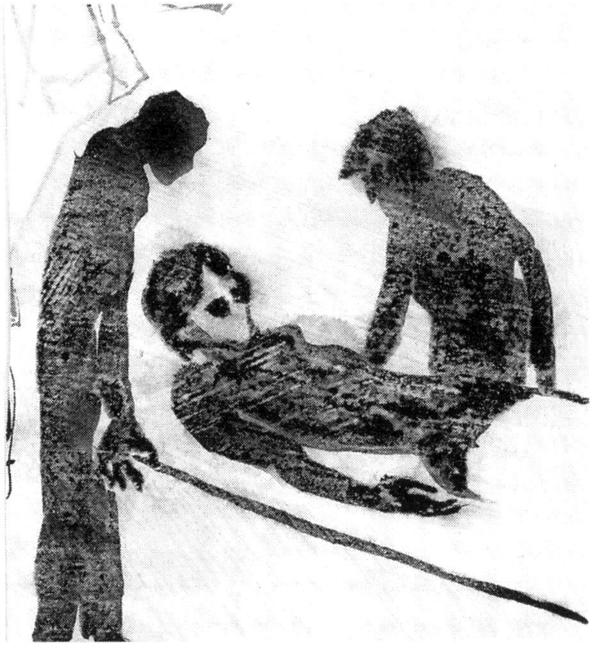

uit

SJALOOM SALOME
(1979)

pacificatie van het bestaan

zeg hoe ik mij verzoen
met deze aarde
het onrecht der geboorte
de schanddaad van de dood

met deze broedbokaal
van rechtsomkeer en roofbouw
die luider tolt en kouder toont
in de spiegel van de leegte
zijn rimpels van asfalt
zijn puisten van napalm

met deze stenen bel
van hijgen uit zieke longen
een zieke adem

zeg hoe ik mij verzoen
met deze diersoort
in haar gedrilde wildernis
waar de moordenaars van de vader
de voogd worden van de wees

met deze moebezonnen mieren
deze luizen uit lafheid
deze gieren uit goudzucht
die doodgaan aan verdeeldheid
die doden door eenheid
van ruilmunt: denken voor hebben
verlangen voor zijn

met de voornaamlozen
de broeders de kameraden
die soldaten van hun vijand zijn

zeg hoe ik mij verzoen
met het wreedschone de vrouw
honderdvoudig kruist en
kruisigt zij mijn dag

slaat spijkers van vervulling
doornen van belofte die zegt
opengerukte eenzaamheid
die zegt zich oplossend ik

zeg hoe ik mij verzoen
met deze vleesetende
ademloze ruimte
deze ontelbare vrouw

naast jou

naast jou ontwaken
is in plassen van een gouden regen
pootje baden, een glimlach
kruipt in je gezicht naar boven
een rodere mol in een roze gazon

zat van dromen zit die wijsneus
om mijn ernst te grijnzen hoe wijds
zijn donzige wereld de speelgoed-
emmers van mijn ogen vult

zal ik een woning voor mijn wake
bouwen uit een zachte toren
toezien hoe je ademhalend
roze zandzee bent

o dat ik je in kon dammen
in dit ogenblik, een vijver
om te vissen geduldig
naar je dromen, om mijn
gezicht te vinden drijvend
tussen gele lissen in het licht

o dat de tijd hier kon
verdrinken: met zoveel
zon lag ik nog nooit in bed

notte a venezia

stilte drijft tussen ons
een zwarte handschoen
tussen gondels

een paar dwaze gedachten
hadden we rondgevaren
met hun gretigheid
van fotoapparaten

de huizen verloren er geen schilfer
meer om als we lachten
en de bruggen legden hun vermoeide
armen om vermoeide schouders
legden elkaar een vinger op de mond

regen leekt van je glazen voorhoofd
gelaten is de liefde hier
stilte drijft en wij staren ze na

ik leg geen

ik leg geen geloften voor je af
de tijd kent onze namen niet
wanneer hij door wraak verblinde
éénoog zijn schapen overtast

leg jij geen geloften voor me af
bezeten als ik ben
is jou bezitten
belastering van het lot

wat had je mij dan toegezegd
in het getalm van voorspelbare jaren
nu je in mijn bangste hand
een eeuwigheid hebt uitbesteed

wat zou ik voor je uitsparen
op de wijn op het brood
van ons altijd laatste avondmaal
als zo-even nu en straks weer
alles is volbracht

leggen we geen geloften af
de tijd kent onze namen niet

salome blues

het komt altijd neer op neerkomen
zoals het eindigt in het einde

zit jij in een lege kamer
te schrijven aan een lege tafel
hooker zingt zijn hobo blues
en king crimson weerkaatst je pen:
verlang langoureuze goeroe
verlang niet langer

het komt altijd neer op neerkomen
zoals het uitloopt op uit

de bel is afgelegd, alleen
het lege pakje bastos, alleen
de lege jeneverfles ontwikkelt
het cocon dat zijde spint
voor doodkijkbloezen

het komt altijd
het komt altijd neer

moeder schrijf je
waarom vraag ik jou waarom ik ben
en mijn leven poog te scheppen
in handen van mannen die de zee
geven wat de zee toekomt

het komt toch altijd op hetzelfde
neer, altijd op neer
zoals het uitloopt zoals het eindigt

mi gruwelt - Hadewych

neen dood wees niet trots
ik begeef mij tot u
op het giertij van de walg
wat ik knielend niet maar brekend
aanbied op uw paarse loper
zijn juwelen van weerzin
hymnen van haat

neen dood niet schromend
voor uw majesteit
niet vrezend voor uw wrake
de woede bloedt uit haar kelen
in amberen amforen rinkelen
de cimbalen van de pijn

neen dood wees teder
ik ben een beekje in uw zee
van alsem, een blauwe gasbel
uit uw moeras van leed
we leven van dezelfde wieren
hetzelfde water laat ons
gelaafd en vredig

en vredig neen dood
niet trots maar teder
wees teder
teder

uit

PER TANG
(1983)

rabbi

en hij ging rond al doende
goed aan vrouw en dochter
vermenigvuldigde de broden
van hun adem, de vissen van hun vrede

de melaatsheid van hun droeve lakens
genas hij in haar klamme plooien
en van zijn stem alleen al
stond de dood op in hun ogen

en de verhalen die hij weefde
aan de natte twijgen van hun vlees
zij hoorden toe, vergaten
de drukte van hun hand en dagen

meester, zei hun mond, o meester
en hij ging rond

sur le sable ses doux visages

twee meisjes op schelpenjacht
in het witte zand van zijn huid
tuiten een hobbelgalop van zeepaardjes
in de kokkel van zijn tepel:

zullen we surfen op uw wervels
of met een natte mond
uw toren bouwen, o ridder
dolend door ons verborgen rijk

de zee opent haar koperen schubben
onder de rode vingers van de zon
de meisjes, donkere konijnen,
knabbelen de asters van zijn blauwe adem:

vertel uw naam en wapen
o koning van ons spel
laat onze dromen slapen
onder de hemel van uw hand

het weeïg ruisen van vrouw en water
overmant zijn aarde, zijn mond
scheurt open: in mijn bewegen

breekt het wissende wiel der tijden
ik ben uit zand en helmgras
naast een zee van leven
ben ik oud geboren

en waar dan woont een god
een mens een dier een wezen
dat mij van deze dood geneest
hoe moet ik aan dit bestaan geloven

für elsie, damals

het sneeuwt in je ogen
alsof ze dromen dat ik me oprol
teder tot een sneeuwman
en jij met kool en knopen
mij een gezicht uitvindt:

een kranig oompje
een beduusde tafelspringer
een nar op de troon
terwijl de koning slaapt

de herfst is mooi
spreekt de wintervogel aan je wangen
en nooit drijf je vreemder aan je lichaam
dan wanneer ik kruimelvingers strooi

je mond maakt zich een glimlach
om het oranje van kastanjebladeren:
ik sneeuw, zeg je, ik ben niet treurig

wir können den Abschied nicht leben

en nu dit afscheid deze afschuw

roerloos liggen zwanen in de regen
één eend schaterlacht
om de roze wasem strelend over het water
om het belfort de macho der Mariastad
rijzend in het zilveren rubber van spots

jouw warmte, jouw woorden
van lieverleed mij aangewend
als kerstmuzieke straten
maar nu dit afscheid een maanziek schateren

om de schaduw op de zwanen
om de afschuw die regent
waar ik ga

buikzang voor een laatste worm

- mais tous ces maux d'amour –

dat het niet opnieuw
te beginnen is
ongeweten
onvermoed

de hoed, de kleren
die we samen kochten
zijn versteld niet afgelegd

wel nog dezelfde weg
kan ik lopen, voorbij
dezelfde huizen maar
in de deur verschijnt
herinnering, geen
nieuw gezicht

dit is duisternis
alles gedacht te hebben
tot het einde van tevoren
dat er geen begin
meer is, niet eens
nog een herhalen

as tears go by

en zo voort schrijden
waardig als Javaanse laten
begoocheld
ontgoocheld
wij

weten dat we elkaar beloeren
gedoemd tot strelen en
hopend op moord

namen geven
aan dromen
aan tranen
en zwijgen
onverhoord
onvermoord

moeheid wegen
op een halve vuist
een halve handpalm
onuitgevochten
onafgesloten
oorlog
vrede

weten dat dit
een wanleven is
en niet vergeten
pijn herinnert zich alles
alles wordt herinnerd in pijn

kabouter

wat denkt de boom van het blad
waaraan de storm hem buigt
wat denkt de boom van de grond
die hem opgeeft aan de storm

de boom denkt niet mijn kind
hij wordt tot klompen

wat denken de klompen van de sintels
die hen afslijten op het tuinpad
wat denken de klompen van de voet
die hen voort schuurt over sintels

de klompen denken niet mijn kind
zij worden tot spaanders

wat denken de spaanders van het vuur
dat ze verzengt in de haard
wat denken de spaanders van de tocht
die de vlammen opjaagt uit hun droom

de spaanders denken niet mijn kind
zij worden tot asse

wat denkt de asse van de bries
die haar verstuift
wat denkt de asse van de aarde
die haar ontvangt

de asse bedenkt vragen
ze wordt een kind

wim

je bleef rond je moeder zweven
als hield je vast aan de placenta
zoals aan de hersenen van de
oudste mensaap, van god

het duurde vóór je schreide
alsof jou alles lang reeds
om het even was: geen wrevel
geen wrijving kon je verstoren

je keek dan rond
met ogen vol herinnering
wees de dingen aan
waar wij geen wolk van weten

toen kwam ik dwaas konijn
bij je lichtbak zitten
je mond haalde een monkel
voor me uit: je mag hem
dragen, zei je, het is mijn
vaantje vóór de aftrap

knipoog in de lens

petite pathétique

ik vul mijn kleine dagen op
met kreten van verveling
hoeveel onbehagen gaat
de waan vooraf, hoeveel
ontij de orkaan

de taal, hoor je
in al haar vaardigheid
het loochenend gebaar
de vrouw, zie je
in al haar lieflijkheid
de leegte van het beeld

en meehuilend met het
ontzinde druisen, ik herhaal:
o doedelzak van weedom
o weedom van gewoonte
wat mis jij méér dan het gemis

vom westen nichts

veel gebeurt niet in dit huis
wat snijbloemen uit de serre
van de zoele afbraak

de kamer een paarse vaas
de kussens wijnrode droesem
van de niet te drinken roos

zo ook aan de kraste krammen
der woorden hangen
de levens stil

veel gebeurt niet tenzij
dat de kaars gebaart
op de mahonie tafel:
ik ben wit geweest, alsof
hier alles voltooid al
tegenwoordig is

alsof de lucht alleen nog
leefde van ternauwernood
geluiden, van het schier
seniele wiegelied der longen

voorwaar voorwaar veel méér
gebeurt hier niet
hooguit de zwevendtrage intrede
van een ademloos gezwijg

uit

VAN NIJGENDST MAAR ALLACH
(1985)

Bezoekrecht

morgen haal ik je af, je zal
achter in de wagen zitten, vragen:
mag ik het hondje binnen laten
mag ik nu fietsen door de kamer
mag ik in bad met jou
ja lieverdje ja alles mag
als we thuis zijn als we daar zijn
waar alles is dat mag

en wat niet mag dat is al weggeborgen:
veertien dagen van ergernis
veertien dagen uit de treurenis
veertien dagen van voortbestaan

morgen kom je dit schone huis weer in
voor het anderhalfdaagse vadertje-spel
dikke vriend van jou
dikke vriend van mij
het beertje is alweer wit het aapje slaapt
en de boer komt terug uit Zwitserland
en die blanke Sarie na die blanke ou Transvaal

en die avond overmorgen zal de avond
van moederdag zijn: zingen en bloemen in zilverblad
hou jij het bosje wel recht daar op de achterbank
de wilgenroosjes
wij hebben ze samen gezocht waar de jagers zijn
bij de blue bells bij de blue bells
bij de avondkoekoeksbloem

je lach die avond zal purper en schurkig zijn
overmorgen mijn avondmond: nog een zoentje
ik lever je af ik lever je uit
tot ziens tot de volgende keer

mama, mag ik op de vensterbank kruipen
over je haakwerkje wuiven naar

een woordje tegen wanhoop

een woord van troost
voor als je roep smoort in je tranen:
jij stookt een eeuwig vuur
jij houdt de verontwaardiging uit haar slaap

als oren verschelpen, als ogen geverfde
vensters zijn op een blinde muur
bewaar je tranen zuiver, bewaar
dat zoute zaad, bewaar en zaai het
als een dopvrucht ter verbetering
van de bodem, een gele bloem
ter herinnering aan de zon

jij bent het teken
dat de duisternis nooit volslagen is
o jij bent machtiger dan de macht
geweldiger dan geweld
want een genster van het eerste vuur
een druppel van de eerste bron
de wekkende adem heeft geblazen
in jouw vlees dat van de eerste aarde is

en de eerste aarde is taaier dan de bom
zoals de bron laaft en zuivert
zoals gif en leugen verademen
aan het vuur
dat niet dooft of het ontvlamt:
een laaiend spel van alle tijd

speel spel een woord van troost

memento Romero *

lijken, heilige vader,
bedrijven geen ontucht
al liggen ze naakt
en bevlekt met de schrammen der paring
hun kinderen in de halfslaap van de honger
kiezen niet voor de zoete deskundige dood

de afval van uw priesters
uw onfeilbare brieven ten spijt:
zij bouwen uw kathedralen enkel van kratten
en leren verlossing ook door het alfabet
en de vrede door het uitplanten
van eigen voedsel in eigen veld

de stilte waar u om roept
met gulden kromstaf en gulden mijter
- voorwaar een zonnegod in deze nachten van angst –
is het wegsterven van een reutel
de opengesperde onhoorbaarheid
onder het ratelen en het ranselen

de eenheid die u bezweert
is in toevallig gevonden greppels en groeven:
bekijk, heilig gezant,
de bandeloosheid der botten
dochters bij vaders, vaders bij broeders
en zusters bij zusters en de aarde

de zich schamende aarde in uw schaamteloos ontaarde licht

** Op rondreis door Midden-Amerika in 1983 waarschuwde Johannes-Paulus II onpartijdig guerrilla én doodseskaders voor euthanasie en abortus, ongehorigheid aan Rome in leven en leer.*

gezinsvriendelijk

als die bom al morgen valt
mijn hondsvod in jouw eeuwig leven
geeft vader geen zoentje waar het zeer doet

straks mandarijnenstroop voor je borst barst barst
een handgranaat in de nacht
genezen zijn? morgen, jongetje, morgue
dan gaan we de slapers oprapen
een kuiltje graven bij het preventorium
door de lusttuin der terminalen draven
in je nieuwe jogging – gelijk jou, hee!
aan de lijn klaar start – de eerste zijn?

je weet het al: er is geen zebra op de boerderij
wel een zwijn – dank u lieve heer
die ken je ook bij naam en postbus
mijn bobbejaan met je sarie malaise
we maken een kringetje
den uyl vivat gaf zijnen geest

morgen mijn kwakje is jarig
het jijtje, jij hetje van mij
je brandt in mijn nacht

mijn kind waarom gekomen
waar omgekomen
als die bom toch morgen valt

o.a. Aosta

omdat ik je niet ken en evenmin
de stad waar jij met vakantie gaat
druk ik de dromen van vier kleuren

bij valavond zit je met mij te stomen
in een berkenhouten sauna
en in het bed vol ouderwetse geuren
gillen wij de beren uit hun hol

zeven nachten en zeven bezopen dagen
de zon legt haar oogschaduw
in de sneeuwdruppels op je wang
proevend als aan de blauwe adem
uit de bergkraag, ik doorblader
de gratisfolder van je mond

en ik loop jou halen met de zoomlens
van mijn handen, mijn hijgen domend
op alle ruiten van je rug tot die
doorzichtig aan mijn vingers
jullie namen toont
stad en meisje
omdat ik je niet ken

Sophie von Kühn

de avond dat Sam Benneth niet kwam
hoorden de microfoons alleen jouw dromen
- cimbalen zijn niet groter dan je ogen –

de bladeren in de nacht:
je rare zus zegt dat de haren van
vrouw Aarde breken van berouw
- hoe kan bruin zo sonoor van licht
zijn als jouw ogen –

je stapt de stoep weer af:
ha, volle maan
de danseres met waaiers en sluiers
een witte knipoog naar jouw wit gezicht

de morgen dat jij ging
- en je ogen met borstels op die drum –
lag een blauwe bloem gedrukt
in het laken, je raadt nooit hoelang

journey of a magus

- under your pose there is much more pose. larry lapinsky -

misschien omdat ik bidden wou
heb ik uit stollende golven van vrouw
uw beeld gemaakt op het altaar
waar de goden ontbraken
uw priester ben ik
uw tempel uw offerdier

aanhoor mij bewoon mij versnijd mij
tot mest voor het koren
waar gij des zomers door wandelen zult

misschien omdat ik bidden wou
afsmeken als een genade het spreken
dat opwekt uit het overvolle gebrek
ben ik in uw welvende land
de bevrager van ster en wichelaar

hervind mij hervind mij
ik ben de echo van het vallen uwer schaduw
ik weerspiegel uw adem in scherven van geur

wellicht omdat ik bidden wou
met een naam een god betrappen
die bouwt aan een openbaring
ben ik treurend om uw onbestaan
treurend u voorbijgegaan

mater et magistra

de zee is gelukkig. ze valt aan land
en loopt in eigen schoot terug. ongebroken.
zij werft niet en geen weigering kan haar verstoren.

de zee is gezond. zij weet van bewegen
het lenig en menigvuldig vertoon,
het enkelvoudig bestaan en evenwicht.

de zee is heel soepel. de maan heft haar
en legt haar op een muziek van meeuwen en mist.
de vezels, verzinsels der volledigheid
zijn haar louter water en zout.

ik ben licht, zegt ze, het luchtigste zand
kan mij dragen. zij draagt het zaad van alle
zwarigheid in d'r losse meisjesharen.

kom, zingt ze, zwel en ik zal je verzwelgen.
kom, zingt ze en wiegt, en wacht.

willempie

kromme ruiter op je hobbelpaard
stom rebel aan tafel
jij loenser zo jong doortrapt al
leep baasje over moeder

en dravend en blatend
de hond gaan plagen
jij kwast jij kwakkelhaas

koesjt koesjt

jongetje van mij als jij es wist
als je es wist
hoe koest ik ben

dat je toch nooit maar wist
dat de vogel pikke
in je diepere oogjes
dat jij blind mag blijven lopen
Jawee zijn dwaasje in Jawee zijn droompje

“ lieve dood,

ik maas mijn dagen tot uw sluier
herhaal patronen van huiver
voor namen en legenden
die niets verklaren niet aan mijn zelf
niet aan mijn ander

opoe wanhoop knikt goedmoedig
heft d'r handwerkje met de
gebaren van wikken en weten
ik beef, herhaal haastig beelden
in uw kleur in de klanktrant
van de holte – uw wezen

gij hoonlacht ontrafelt mijn talmen
naamtekent mijn schedel
ik hoor u toe
geen lip die u verzwijgt
geen ooglid dat ons scheidt, “

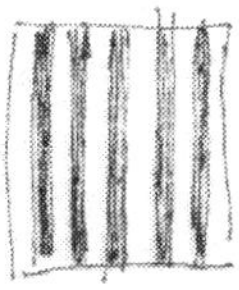

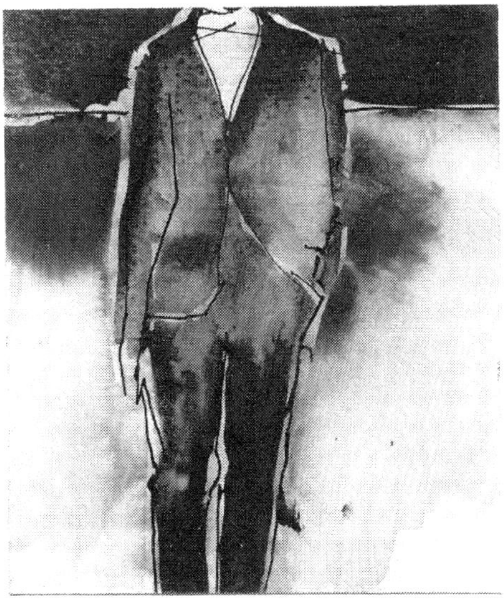

uit

HET ONAFSCHEID
(1987)

shelter from the storm

nu ik nog met jou dit huis bewoon
in mijn noodverband van zwijgen
nu in jou de etter nog dóórstroomt
die met piepschuim doornen
deze kop ooit kroont

nu jouw geduld de vlooien leest
van mijn verveling
nu jij het ritueel van warme wijn inluidt
dat de adders slapen doet
onder de hete steen van mijn huid

nu jouw vingers jouw vingers
mij vinden in mijn verloren zijn
nu nog kort nog
waak over mij

waak over mij
met je zondonzen buikrand
waak over mij
weldra zal ik uitbreken
wegvloeien
weeïg vliezig in het zand

aubade

hij kijkt haar aan
terwijl ze slaapt nog

naakt is ze mooi als een vis
als iets dat thuis is
in een ander medium

hij ziet de handen die tastten die
grepen om dit lichaam aan te randen
eraan te randen en die faalden

zij ademt alsof de zee alleen
uit haar bestaat maar zij
spoelt nergens aan
valt nergens van terug

hij kijkt of hij nu zwemmen
dan wel hengelen moet
of gewoon maar kijken

en zij – in het licht op het droge –:
waarom kijk jij zo?

café In den Hemel

het is zover
ik kan lucht verdichten
tot je lichaam
uit afwezigheid de geur
doen opvliegen van je huid

het duurt wel wat
om zo snel te leren zijn
sneller dan het ongeloof
sneller dan de keten
van oorzaak en gevolg

daar ben je dan
zo tastbaar als een wonder
zo gewild als ik-kan-niet-zonder
ik kan het nu
als je komt zal ik het es laten zien

het wordt dan echt een hoogstandje
misschien

vasectomie II

zij verkoos de witte rozen
en woonde met ze samen
omdat hun kroon het licht verdicht
tot een melk, een mengsel
dat de dromen aantoonbaar maakt
een bewijs van hun gelijk

zij verkoos de witte rozen
omdat die onder geur alleen een zweem
van schaduw van verschansen dragen
als onder stilte een teder spreken
als onder het bewegen van een buikwand
om een buikwand een eerste bewegen

zij verkoos de witte rozen
opdat het ooit zou mogen
eens zou mogen
dat haar vlees zo hoog opstond
zo omsloten zo ontsloten
en hij haar dronk en zich vertoonde

wijsje

liefde laat zich niet beloven
en vereffenen als een schuld
je kunt met zachtzinnig geduld
en hoop van zaaiers in haar groei geloven
maar liefde laat zich niet beloven

je wordt het ergst door valse hoop bedrogen
maar wie heeft het spel dan vals gespeeld:
de grijpende dromer of het vluchtende beeld
je wordt het eerst door eigen stem belogen
het ergst van al door valse hoop bedrogen

match box

dat hij in haar paste
zoals een duivel in een doosje
een kogel in een dode
een vogel in een ei

eens hij in haar paste
een gezicht in een masker
en een keutel in een hol
en een klepel in een klok

zoals rook in een schoorsteen
zoals een steen in een nier
zoals crème in een praline
zoals een doosje in een strik

of hij in haar paste
en of en nog
als maar zo pas

berichten aan Marcus 'in a fine frenzy rolling'

I

zieke vriend,
zo is ons lijfnummer:
een salto mortale vooreen verlaten zaal

terwijl jij een gezicht wil grissen
uit de tas van de blinde schminker hoop
bedrijf ik het kokhalzen in koelissen
het aftellen van dit nu tot afloop

in de orkestgroeve posteren zich onze
lieve overledenen, blazen het fluim
uit hun knoken, puimen hun tanden
en tuiten een zuivere toon

gelijk de maestro onze beurt aanwijst
en van op het paradiso het geklap
weerschalt van iemands houten handen

rept het fluweel zich overeind
in de loges, kittelt de ellebogen
van wassen matrones

II

ontspoorde reisgenoot,
heb je het ook gezien het snapshot van een massagraf
uit Peru deze keer – 87 stuks – het mag iets meer zijn
opgetaste klompen: mens,
een zak waar een arm of een been uit scheurt
stof waar de dromen van komen
allicht lag er een dichter tussen:
my only hope is a messed hope

wat jij, hermano?
bezig als altijd met overleven
de brokken sprokkelen van een verwarde geest
(aan de kar duwend van samsara)
of zoals ik
met poseren voor de blinde fotograaf
(tegen de kogels botsend van een meisjeskont)?

zo houden we beiden het leeg lopen nog even vol
gek doen, mijn beste, je gaat er niet van dood
van wanhoop verkopen:
wie verstandig is die sluit de boeken
er is geen ander bestand?
ik weet het niet, compañero,
er is zo weinig dat ik zeker ben:
met de klap zit er een kind tussen de bladen
en je hoort niet of het gilt

III

broeder,
vraag me niet om een vrolijk verhaal
ik fluit wel es mijn slaglied van verbeten roeier
maar meestal haal ik fluim op uit het bodemloze
vrolijke verhalen vertel ik niet

en al wat fraai en aardig is en toch bestaat
het aardt niet in mijn toon
het vindt er nooit zijn maat

ik laad mijn woorden op de peilloze kade
van het afscheid en de scheepjes
staan gevouwen naar mijn greep
op staar en tranen, varen uit varen af

en al wat fraai en aardig is en toch bestaat
het aardt niet in mijn toon
het vindt er nooit zijn maat

wie heeft oren naar dit trompen
(schelpen die een echo herbergen)
een ontheemde een prinses in
een ver penthouse bij het water

herkent de naam van een dorp
op een boot met vreemde vracht
en zij ziet gezichten in het water
misschien het mijne

en al wat fraai en aardig is en ooit bestond
en aarzelt in mijn toon
zij hoort het uit haar eigen mond

kop op

er zijn er die het doen
zoals sneeuw ligt gevallen
wanneer je de blinden openslaat

er zijn er die het doen
zoals een gezicht ontwikkelt
in het geschokte fotobad

er zijn er die het doen
je leest het in boeken, het staat
wat verloren verloochend in een krant

er is dat middel dat moment
er zijn er die het doen

à la perpétuité

onder de schaduw bij père Lachaise
bleven alleen de kasseien
zonder kras of teken, een naamloze
stortbeek tussen rotsen van trots
protest tegen de tijd

een rots bij père Lachaise:
een tempel, een piramide en alle
anti-chambres in denkbeeldige paleizen
de komenden zijn hier verwacht
zoals bij een kerkvorst de gelovigen

de heuvel bij père Lachaise
opent zijn keel
- is het de aarde die schatert? -
de doden schuiven aan, vormen koppel,
staan versteend voor de zwarte vierkante koker

de doden zij zijn rond en wit en naakt
als voor een paring op een altaar
en stenen versmelten in een krater:
een staat om te benijden
lijkt de dood bij père Lachaise

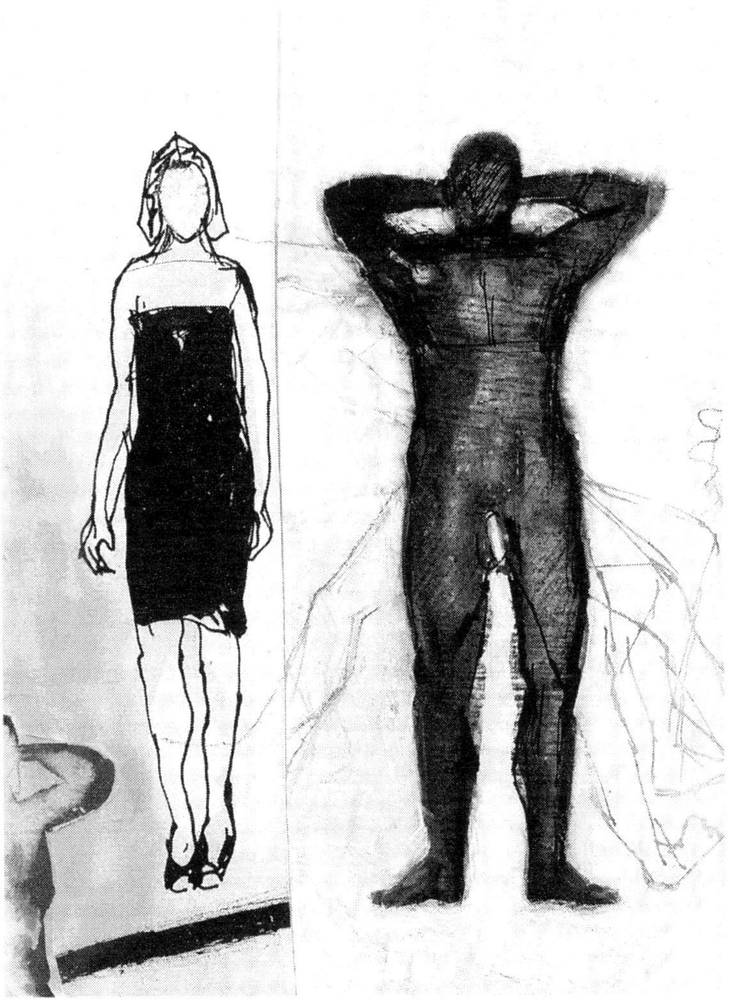

uit

OCHERIATRIE
(1993)

Daddy Nostalgie – Bertrand Tavernier

het leven heeft me rotverwend,
zegt de vader,
en daar heb ik van genoten

zijn dochter bergt haar woorden op,
de verbolgene,
zijn bekentenis heeft haar ontmaskerd

het bedorven kind
heeft haar beschuldigd
zij kan dit niet: genieten

er wordt zoveel gemoord, wou zij zeggen, kinderen
al die gezichten van de onschuld
al dat onzichtbaar gemaakte wapentuig:
de honger, de speelgoedbom

(en de hinderlagen waar zij hopeloos
graag in valt: al wat ze verdringt
en dringend moet)

en hij denkt alleen aan ochtendgloed
op gevels in meloentint, aan citroenbomen
en marjolein, aan grint dat knispert
luider dan een haasttrein als de
nachtdieren spelen

hij bloost en zij schaamt zich
morgen gaat hij dood – hij gaat
binnen in zijn oude kamers
zij hoort nergens, zij heeft
het leven al verloren

voor Trui

- dit is geen sport meer, er zijn geen regels -

ze zat erbij
zoals muziek wordt opgelegd
omdat er vrienden zijn
niet te luid
omdat er eindelijk nog iets kan gezegd
bijvoorbeeld over die muziek
(en over de ziekten van de tijd)

ze mengde zich ternauwernood
in het gesprek
in het leeghalen van de koelkast
dronk ze wel, spraak ze wel
langzaam, op de tast - het volume verlaagd -
of spaarzaam maar beslist
een orakelpop wanneer dat werd gevraagd

ze zat erbij
als een die bij voorbaat wist
en toezag hoe het klopte
dat mannen grote jongens zijn
met veel te grote woorden (hun crisismedicijn)
dat drank uiteindelijk hun hoofd deed krimpen
tot het weer paste in haar schoot

nog onafscheid

's avonds ben je d'r, lig ik samen
met een zacht verleden
daar komen tranen van
en zaad soms
het is een steen die mij laat stromen

overdag vergeet ik veel
dan rol ik als een kei
en jij een helling
die ik gezwind ontwijk, wind gelijk

tegen het donker loop ik leeg
een kalkbel zonder ei
zonder eigen want geen ander
die mij eigen is – ergernis, heilige mis –

's avonds lig je d'r, ben ik samen-
gevat als een verhaal in te weinig woorden
als een steen in te moe metaal
als breken dat jij onherstelbaar hebt begrepen

curare

er is geen strijd
de vijand gedraagt zich als een minnaar
die streelt alsof je van hem droomt

de strekkingen op de vlucht
stemmen overeen – zo te zien –
met het stoten tijdens het dekken
(woord voor liefde bij deze soort)

en verzaligd – zo te zien – glariet het oog
dat drijft zoals krengen drijven
op drabbig water zoals engelen
ogen in koepels en koren van eikenhout

een hond glimlachte
buiten adem van braaf wachten
hurkend, zijn schedel
schurkend tegen mijn hand
een hondse glimlach

deemoed is ervoor nodig, schreef Pavese
een plof en een knor verzadiging

een vakman zegt: dit is de dood
ik geloof hem niet
zo argeloos, zo erg lijkt het op leven

rite de passage

haar geluid wanneer hij in haar is
huilt ze, juicht ze
(hij stuitert als een bal, denkt hij,
in een kamer vol kristal)

ze legt haar lichaam
gelijk een mantel voor zijn voeten
en hij knielt, hij kust dit leven,
dit jonge, als heilige grond

kon hij haar zegenen
een boodschap brengen van vrede
(de belofte dat het nooit zal regenen
naast de bloemen op haar treden)

zijn geluid wanneer zij om hem is
kermt hij, kijft hij
op de goden die zo sterfelijk zijn
op de poort waar hij niet binnen durft

zij gloeit, zij is een stad
die uitdeint, uitdijt tot een ster
en hij die door de ruimte roeit:
nog zo ver, al zo ver

vlinders

hij weet niet wat hij aan moet
met dit wezen
zij loopt zijn kamer in
haar lichaam een korf vlinders
en ze licht het deksel op

volgt een verhaal van vleugels
en huid is maar om op te schrijven
huid is alleen een uitvlucht
voor trillen dat niet stil wil zijn

dit is geluk, zegt ze, het laat zich kennen
als raaskallen, drukte van insecten
met te velen in één zwerm
zoals haar ogen hem bekruipen
hun kuifje schuiven tot hij huivert

hij weet niet meer
hoe hij het heeft
zoals zij hem heeft: lief

en wat hij van haar houdt
van haar overhoudt: licht
als soortelijk gewicht van woorden

Mont Ventoux – Malaucène

zo wordt een engel geboren:
hij trekt spieren aan flarden
als krantenpapier, wekt
knaagdieren op in de hypnose
van de jongensdroom, spert
gewrichten als een vechtende bek

vliegen is breken
uit een omsingeling van vliezen
luchtlaag na luchtlaag
wordt het zijn dunner, doorzichtiger
met zicht op de inzakkende aarde
als op een vruchtzak die benauwde

luchtigheid is het licht binnenrijden
na de laatste bocht in het bos
de tickertapeparade van gillende
rotsen, hotsende wind

een engel vindt zijn heerschappij
in spiegelbeeld, beveelt de peilstok
van de zwaartekracht als polsstok
van zijn sprong – een engel

die zegeviert is vergevensgezind
hij omhelst zijn vijand op de fiets
suizend naar de diepte
zoals een dode dromend het niets
sust, de ontkenning verzoent
met haar dorre schoot

een engel heeft engelengeduld
met de dood

reünie

- 'vroeger was beter, maar goed' –

je zou ze toch es moeten opzoeken
die gezichten van vroeger
die levens nog es binnen tuimelen
zoals je een deur in valt
die je op slot had gedacht

en daarbinnen zal je als een blinde
alles vinden op zijn plaats:
de zinnen die nog drijven op de
stilte, de inplanting van haren,
de haakjes en de ogen

en zij zouden het vuur oprakelen
tot die vroegere rode gloed
en: 'blijf toch, je moet'

zij zouden
maar hun kolen zijn op
de oude kranten weggegeven
kom zeg, wie stookt nog kolen

gemis

er is wel altijd wat
te kort te karig, daarom
mist hij maar meteen het leven
hij kan dan na één groots gebaar
nog jaren kneuteren, de peukjes
rapen van andermans extase

het gemis het is een tic van hem
zoals hij stipt op treinen stapt
aan de andere kant van het perron
zich vaardig stort in verwikkelingen
omwegen die alleen nog leiden naar hemzelf
terug terug terug

de simpelen van geest, denkt hij,
en de linken-altijd-bij-de-pinken
die.

hij heeft er zich allengs op toegelegd
om toe te zien
ervan af te zien

geriatrie

hij wordt oud, zijn pezen
herstellen niet meer van strekken
buigen is al breken voor zijn vel

hij stapt op in de ommegang
van beelden die zijn bestaanstijd
moeten wijden, draagt zijn ogen
als monstransen van verval

hij heft gebeden aan, zangen
die de zuigende bek van de morgen
moeten doen slikken en sluiten

oud wordt hij, zijn wil
verwerft de moeheid die op moed
gelijkt zoals een kramp
op onverzettelijkheid

zijn vel verdort
hij heft gezangen aan:
verwek me, ik verword

Bluefields, Nicaragua

Eileen,
die smalle keet in Bluefields
waar de vissersboten op het droge
lagen, ze had geen naam

cumbia, natuurlijk, in trillend
gillend composietplastiek
een Victoria die besloeg in de zwoelte
jij dronk al 's ochtends, zocht
een biersoort om het aan te lengen
om te brengen, jouw Ierse bloed

ik vertaalde de Hollandermoppen
van mijn leerlingen en viel gelijk
een benji-springer telkens jij schaterde
zo on-Yankee, zo Dublins
er konden oranje bloemen in je haar
een klavergroen fluwelen bandje
om je hals, een Saint Patrick's
kruisje van witgoud (goodnight
Eileen, goodnight Eileen, I'll
see you when I dream)

je schreef, por supuesto, iedereen schreef
in ons gezelschap aan een boek, een reportage,
een docudrama – iedereen zou verslag
uitbrengen die laatste zomer van de
Sandinisten en wie bleef nog over, wie
was thuis gebleven om daarvan op te horen,
om daarnaar uit te zien:

een lege spiegel, een stapel kranten
nieuws uit Nicaragua, de nederlaag

zoals dit bericht uit verloederd Bluefields
uit bloedheet Bluefields waar een cerveza
het dubbele kost van in Managua
blue blue Bluefields waar de vis rot
in de haven, ik dronken word van je Ierse lach

Eileen, Eileen,
stuur me uit Brooklyn een kopietje, wil je,
van jouw pientere tekst

Africa Djolé

de vrouwen die hij naloopt
door motregen, over stoepen
met hondenpoep (kop in de
grond, wat wil je) zij willen
naar Africa, de jongste
naar Nicaragua, de rode
van Sandino, hun sombreroheld

zij zeggen: het doemdenken
het toezien uit de verte uit het voze
hoe elders het leven aanvangt
of als een boom staat vol mango's
het verstijft je spieren tot spijlen
waar je nog amper een woord tussen krijgt

hier opstappen, hieraan ontsnappen, zeggen zij,
en aarden – puls in puls – stampen
met je voeten, met je buik tot je opstijgt, tot
je verbeelding vleugels krijgt

en doen, het eerste voor het eerst doen
en zijn , geen zombie met een stropdas
geen robot voor een botte klas
tussen de bergen zijn in de hangmat
van het dal, arm zijn, armen en omhelzen,
dansen, je lichaam laten galmen
als een boombrede tamtam

hier word je lam, hier slaan
ze jou als een kram in dood hout
hier ben je oud

daar wil ik me enten, het sap opzuigen
van de kalebas, van de ananas
(en liefhebben in tenten, mannen
berijden als paarden)
zij zeggen: ik wil weer wortels hebben
en bewegen met de aarde

cuisse bono

misschien is het vergeefs gebaar
een dode vader
een god die niet meer toeziet
die gezegd heeft: ze doen maar

dan beweeg je halverwege
breekt de dans weer af, die valt
als een portret uit een kader

misschien
maar de vergeefse gang komt niet
tot halverwege, die kan het geraamte
zien in de lieflijke gedaante
en de vorm weigert zijn aanvang

afwezigheid wil snoeven: d'r is flou
een beeld van de moeder, van niet
meer hoeven – d'r is een beeld, een been
dat over jou wil liggen zoals over krachteloze,
niet meer krabbende vingers, een steen

las huellas de Acahualinca

wat hij doet: koorddansen,
toeschouwers overbluffen
die niet ophouden met tuimelen,
vuur spuwen in een brandende stad

en waar dat goed voor is:
indruk zal ie maken, een imprint,
een watermerk in het Boek van Rozen en Wind

een schakeling verbergen in huiden
die luide zal oplichten wanneer ze raken
een code in de genen van passanten
die oplichters in geen jaren kraken
het onwisbare, kortom,
in schaduwen die verschuiven over water

en later, wat laat zich betrappen, wat houdt stand:
voetzolen in gestolde modder, in verharde lava
na de brand – het snapshot van een poging
tot ontsnappen

‘van alle reis terug nog vóór de reis begonnen’ – Karel van de Woestijne

het wordt een zomer
dat hij niet naar Nicaragua gaat
koffie plukken, maïs omhakken
terwijl de mannen waken aan de grens

hij zal als altijd
alles nog es uitstellen
het leven en de dood

hij zal de tijd verdrijven
drijvend in zee of
landeriger nog in een zetel

hij zal zijn roeping volgend
- de paarse corbillard –
zijn plicht vervullen: geregeld
een biervilt vervolmaken met poëzie

hij zal de meiden knijpen
zoals iemand knijpt in eigen vlees
of dat ie wakker is

en de ogen dicht

vrijaf is af van jezelf

verder dan het eerste begin
komen we niet: de wijd gesperde
bek, gekrijs, gekerm opdat
de Oermoer er wat voer in kotst

de schijngestalten van de mamalokker:
de performing poet, minister-president,
de dissident, de moer-hoer bij de haard,
bij de hare – de jager met de sportwagen,

de gitaarspelende clochard, de huur-
moordenaar, de vamp, de passée
die nog één keer wil behagen

de geleerde, de verkeerde, deze
nichterig, die gewichtig en
de handigste onhandig schichtig

en de schouderklopjes die we krijgen
- achteraf wanneer de kramp
heeft los gelaten, de holten zwijgen –
het schaammombakkes af en wiegen

op schoot bij vadertje Dood

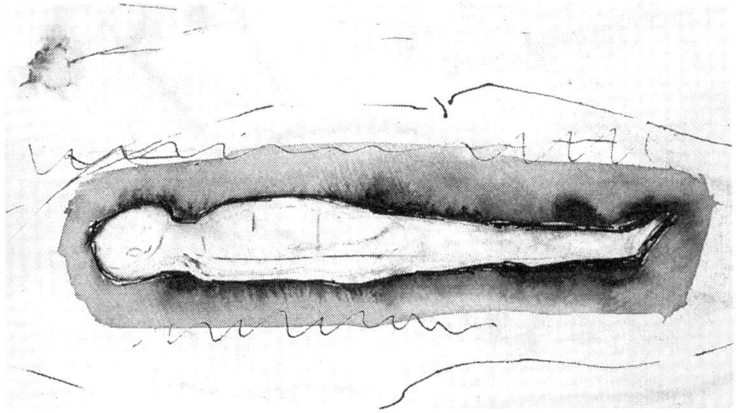

uit

TERUG NAAR HAMME
(1994)

terugwegwijs

kijk, waar je vader woonde
toen ie een zoon was zoals jij

ja, het huis is weg, de tuin
is weg, maar doe je ogen dicht
en ik toon je wel onder de nieuwe
huizen en hun nieuwe tuinen

de weiden waar hij een echte keeper
werd bijna die duikelde naast een koeienvla
de lege akkers en de late zomerschemer
dat hij katje verloren speelde (zovele jaren
tot het nichtje borstjes had bij muggenbeetjes)

de wegel, de zwarte beukenhaag die 's avonds
zwarte poten kreeg en een weerwolf was, zei
moeder, mijn moeder, het rapenveld en daarin
stond het zoetepoepje dat ik voor haar vond

doe je ogen dicht, doe je ogen dicht
dat je het asfalt niet ziet, de ring
met knipperlichten – hoor,

over de kasseien komt geklos geklos
de boekaros met vier paarden en lantaarnen
die pakt de stoute kinderen mee – ach, nee,
laat los: ik startte de wagen maar. kom,
kunnen we achteruit?

stop, pas op, kijk, papa, dat is stom:
die jongen daar viel in het zand
zijn fiets die heeft geen banden

rookt uw pijpken blij, uw gedachten...

wonend in stilte, ik adem
mijn zwijgen uit

sprekend tot de vogels
in de bomen der herinnering
is mijn stem een tafpapieren vlieger

het koren in schoven
op de ruig geschoren kouterkaak
hoort de koekoek in de blauwe bossen
de nevel die aan de beemden gebeurt
zoals vrede aan de doden

draagt het meisje vlinders in 'r vlechten:
'rooibos van singelingelaa...al wie ah...
al wie omziet zal op zijn gatje vaa-llen...
rooi...bos' – en stilte een witte kaars
een Weesgegroet tot doven

ik woon in stilte
pijprokend met wat spoken
het aroom gelijk een oude moeder
stopt de sokken van mijn adem

en dat verhalend aan de kinderen
van mijn angst is mijn taal
een gebroken koord

suite voor een knekelhuis

I

sostenuto

ik spoel terug de stilte

wat bleef verzwegen al die maanden
welke troost of welke pijn

en weder de afstand samengesteld
welk ontzag of welk ontzet verraad

zoals gij die rechtop
en recht op de dood af gaat

zoals ik die zwijgend
zwijgend wegfiets met vakantie

VII

parlando ma non troppo

het was een zaterdag in mei – zonnig, de BRT
zond de Negende uit van Ludwig Van
vader lag boven, zijn oudste zoon (die met
bijbel en schuld) had hem geduldig
de trap op geduwd

de dokter zei wat hij wist en klapte
zijn tas weer dicht. onze stiefmoeder
plukte aan de toile cirée en zuchtte:
'en nu, hé, wat moet ik hier,hé...'

ik haalde de gele lederen handschoen
met stalen talon uit mijn bureaulade
en ging kaatsen: jeugdclub Den Trap
won voor één keer, een extra bierbon

's avonds was het bed beneden in de koelste
plaats gezet, vlak onder mijn kamer. tegen
de morgen werd ik wakker, de morfine
was uitgewerkt

in het eerste licht dat trilde gelijk een waaier
stond hij op de sintels van het tuinpad
wat voorover gestuikt wat hangend aan zijn
vrouw, één arm voor zijn buik gelijk een zaaier

requiem voor Frans

II

hoe eenzaam moet je zijn geweest
mijn broer
met die ene boze god
en die twee dode vrouwen

en niemand die oren voor je had
als je weer eens raaskalde
over de bijl en de wortels van de bomen
als je weer eens snikken op je knieën
zat en 'Jezus' kermde

en allen die altijd zonder zonde zijn
en modder werpen: hoe hebben ze
jou verbrijzeld tot je geen gezicht
meer had, geen menselijk

wij hebben tegeneen in hetzelfde bed
gelegen in de winter ná de dood
in dezelfde ziekte van het afscheid
in de immer-nabijheid van de Toorn

nu ben je purper
gelijk de mantel bij de geseling
gelijk de mooiste bloemen
mijn broer, mijn broer

VIII

'het is niet zo schoon,' zegt
de verpleegster met een watten krop
zij kan het weten, het is haar job

zij kan niet weten hoe ze jou eens
hebben thuisgebracht de mannen
van de nacht tot aan het achterpoortje
met het taaie grendelslot

dan ben je voort gestrompeld
op eigen kracht tot voor het duivenkot
waar je knallend door het glas bent
getuimeld, een late valler, één scherf
stak vlak naast je strot

je stiefmoeder heeft je half soezend opgelapt
met een schotelvod
Veronica in roze onderjurk
háár bloedportret is niet gelukt

vader is dan neergedaald
heeft je lachend vloekend
naar de trap geleid waar je begon
te grienen, kind van vierentwintig,
over spijt en straf verdienen en:
'moeder, ik kan zo niet leven
zonder mijn moeder' – onze vader:
'jaja, altijd als ge zat zijt, peinst ge
op uw moeder!'

's anderendaags was je niet om aan te zien
maar je leefde nog

XIII

uitspanning 'Hof ter Bunt':
krijst de reiger, de reiziger
op hoge tenen? de plons zal wel
van ratten zijn

ze slapen
jouw broers, jouw halfzuster,
ze zijn moe, bezig geweest
met zichzelf, met de hunnen

je vervloekt niet, je bidt,
snikkend gelijk een gestrikte
waterhoen – een vergissing,
een val-strik maar wat is
eraan te doen

jij doet het en eeuwig
klappen de populieren
in hun ontelbare handen

Spaans Hof

– een bescherm monument –

toeristen van over het water
zijn op zoek naar het 'Spaons Hoef'
ze doorkruisten al de straten
en 'naa briekt maain kloef'

de Hamse twijfelt tussen de open gedraaide brug
of direct terug naar Zogge of Castel
misschien hebben ze een brede rug
en gaan ze lachen als ik het vertel:

'het is dat geveltje met dat kasseitje
en kale bomen op een rijtje
d'r hing een mand druiven boven de deur
maar die is gevallen per malheur
en 't draagt een speldeken op zijn revers
gelijk een invalide militair...' –
'en veur de riest, iest 'r wat te zien?' –
'misschien venoit e vliegmachien...'

> *ziede gij de billen van Marie Verdonck,*
> *Marie Verdonck, Marie Verdonck;*
> *ziede gij de billen van Marie Verdonck*
> *en het fris blommeke dat daar blonk*

de kortste weg, zei onze meester,
en dat was over den hof van Marie Verdonck
eerst kijken: lag den hond wel aan de keten
en of haar stok nog bij de voordeur stond

het poortje in de haag hing aan repen autoband
en sloeg toe gelijk een rattenval en over den draad:
manden appelen waar je van watertandt
maar voor je 't wist, daar kwam ze al

wie kont'r gillen gelijk Marie Verdonck,
Marie Verdonck, Marie Verdonck,
wie kont'r gillen gelijk Marie Verdonck
en een walm gelijk dat die stonk

een keer, ze was naast het huis het gemak aan het
witten, op een driepikkel stond ze te hijgen:
'Marie, ou billen zien bruin, zoude ze niet witten' –
'smeerlap, als ik ou kan krijgen'

ze had iets van een laatste Mohikaan
de stam bezat het tolhuis sedert meer dan een eeuw
en nu met haar was dat allemaal gedaan
een mens laat voor minder al eens een schreeuw

godver, de billen van Marie Verdonck,
Marie Verdonck, Marie Verdonck;
tsja, de billen van Marie Verdonck
en het triestig blommeke dat daar blonk

en voor morgen ligt de boomgaard onder kasseien
en de straat heet 'Groene Boomgaard';
de toeristen schuiven aan in lange rijen, zien
alles perfect zoals in de folder en op de prentkaart

ze zien een dak dat heeft gelekt, een goot die niet meer scheurt
ze zien dat er daar vanvinnen ook niet veel gebeurt
ze zien een gazon met bloemen van een soort die treurt
ze zien een gemak dat naar rottende takken geurt

maar geen een ziet de billen van Marie Verdonck,
Marie Verdonck, Marie Verdonck;
geen een ziet de billen van Marie Verdonck
en het schoon blommeke dat daar blonk

Antoine Kamania

de parel van Kamina in de prille Golden Sixties
zou de Hamse Pele worden – de trainer,
ex-international van Malinois, was trots,
verliefd bijna op zijn ontdekking

Kamania lokte honderden nieuwsgierigen in de lome
zomeravonden; de schemerval, de schamele
verlichting deden hem trappen naast de bal

na de verwachtingen kwamen de verwijten
en het lachje om de mond: 'hij kan geen bal
stoppen zonder d'r in te bijten en koppen
doet hij met zijn kont'

maar d'r waren er die bleven hopen en een beetje
wensen in hun hart want die zwarte bleef maar
lopen en lachen, en een mooie jongen was hij vast

een mooie jongen was hij zeker en onder Hamse
rokken ritselde die slang die zingt, en borsten
trilden gelijk volle takken waar een tros
apen in verspringt

hij trouwde in de kerk, werd een lieve vader,
een simpele makker op het werk – toen was
de jeugddroom Pele al voorgoed begraven
en kwam Antoine gelijk iedereen met de
fiets door het hek

hij sprak vlot Hams toen het gebeurde, toen
het lot hem de tong uitscheurde: zijn Hamse
vrouw bleef in het kraambed – voor de neger
werd aan de togen d'r enen opzij gezet

de parel zakte van bevordering naar vierde
provinciale, naar een fabrieksploeg,
een caféploeg; maar de ster klom in de nachten;
hij moest niet zoeken, d'r waren er die
haar beurt afwachtten

en de makker werd weer makak met een speer
die altijd overeind stond – het dorp vertelde
over het aantal keren: 'zo ene moesten ze
snijden, 't zou hem leren'

het werd kalmer, hij werd kaler, pappig
met de jaren; een rare, een nikker en ba, ja:
een makker, hij deed zijn werk – 'hij doe
zijn weirk,' grinnikten de wijven – 'zjuust
gelijk mewulder,' zegden de mannen,
zezulder met een stijven

mist

Hamme is mist, zegt de theaterman
uit Gent – zijn brandende haardos
dooft bij de brug

er rijst een muur op die je ogen schendt
wanneer het dorp inslaapt: een wal
gekuch, een wachter van kou en water

je koplampen tasten gelijk een kanaal-
zwemmer naar vaste grond – ach, wasem
is daar een blinddoek, je verwacht een schot

Hamme is mist tot in het bot van je schedel,
een klamme nis waar geesten tot leven komen
die de Durme haar tranen tot zilver kussen,
haar sussen en laten dromen gelijk een
duimzuigende minnares

zij stromen samen, de verrezenen, wisselen
namen uit: 'wat wij bedisselen gaat geen
sterveling aan,' vinden zij en winden
witte bloemen om lis en distel

hun stemmen van nevel tellen de netels
zoals mensen de leden opsommen van
hun stam, en ze missen altijd één die
er is geweest, één die is verweesd

dan trekken ze het dorp in, stormend
in slow motion, duwen om de huizen
alsof er nog geroepen wordt daaronder
een schreeuw vermist al sinds eeuwen

Hamme is mist, het hangt gelijk
een kanten zakdoek aan de tijd:
'initialen,' meent de theaterman,
'alleen een blinde kan ze uit de rafels halen'

ascendant kreeft

aan de treurwilg bij de turfput
aan de vijverplomp
aan de windlier
aan het waterlicht

ik kom terug

aan de wegelrug en het speenkruid
aan het schemergroen en de lijster
aan de beek onder de bramen
aan een iegelijk blad van de populier

ik kom terug

aan het eendenkroos over de stekelbaars
aan de beukenhaag naast de leuningbrug
aan de plas
aan de kiezel

ik kom terug

aan de kreeft op de bodem
aan de zwam in de rand
aan het lood van de visser
aan de reiger op de scheef gezonken boot

ik kom terug

aan de trap in de dijk aan de bank langs de dijk
aan de stroom zijn geklots aan het zog en het roer
aan de steigerpaal voor de bocht, de dukdalven
aan de lamp in de baken, de stormlamp op de plecht

ben je d'r nog, je had het toch gezeg

uit

UITZICHTEN
(1997)

Der Tote und das Mädchen

hoe ik je lippen heb open gedaan
dat lila ovalen doosje

zoals nog eens na maar amper
een poosje een dement moedertje
doet dat gekartelde foto's herkent
aan de kraken en naar de namen
blijft haken van haar verschenen
getuigen, nog eens

hoorde je dat rebelse besje zuigen
op haar verboden bonbons
zo stout haar opstand tegen
een dokter die de schijn ophoudt

jouw lippen, lief, jouw lippen open
nog vóór mijn ogen dicht: de dief
komt schielijk toe geslopen

hush

zacht in je haren verzonken
was mijn hoofd een jonk
in een oosterse zee

en al het kostbare aan
camee, lusttuinen van jade
alle genade die de droom
smokkelt van dag naar nacht
alle schade berokkend aan
het vergeten:

je lippen, een lichtvoetig poliep,
groeven het onder, bedolven
het weten met zwijgen, wit koraal
en slijmen waarin het eindelijk sliep

you are so beautiful – Joe Cocker

mooie, nooit dus
handen doen het niet
geen orgaan dat deugt

een kus, ja, zo verheugd trillen
wimpers op een wang
zolang

maar ooit toen we nog hoorden
tot de laagste soort, toen hadden
we het vel, versmelten was een zaak
van zout: wie meer had, ging
bij zichzelf overboord, loste op
in minder

wel, je smaakt het zout in dit
gezinder alsof zeewind in
wrakhout zijn heilige runen
schrijft, alsof

mooie, alsof
doch in deze tijd: geen zee
die inlijft, geen zand dat zich
inbijt – niets dringt in het
stenen ei dat de tanden

breekt van schuimend water.
dat valt voor, valt voorbij, licht
springt mee hoorbaar als geschater

de Zwarte Madonna's van Gent

op zaterdag wachten zij de avond af
- wanneer de ouwe Leie en de ouwe
Schelde waggelend hun nagelen verwen
met neonlicht, in fosforgeel hun
gekwelde lippen stiften –

ze dalen uit hun grot met spiegellift:
de madonna's in zwarte kant

hun jonge priesters offeren
een scapulier van stras, oorstringen
in gummi, een getande armband
zingen 'ave' en 'geloofd', hun voorhoofd
bonkend tegen voorhoofd

de madonna's verschijnen, laten zich
opnemen ten hemel (minder is ze
te min) – hemel dat heet: vind mij nu
vind mij mooi (bazuin in stereo, het
baldakijn décapotable)

ave, blij als een kind en verblind door
het zwart-wit van plissé en mascara, zwaaien
de priesters hun kazuifel met zeefdrukschedel
- hun vanitas – en gelijk een zuil klimt zo luid
klimt hun magnificat

magnificat

huizen kraken dagen krieken
maandag is er een toets voor
godsdienstwetenschap, een priester
zal zijn klad wel lenen en opdraaien
voor spieken

zusterstad

- aan Gent –

's nachts is ze mooi, dan licht
haar verleden op met het omzichtig
patina van geduld

water glanst gelijk de neus van
een gezond gezelschapsdier en
steen ademt omstandig uit de buik

je hebt ze lief, deze stad waar
ratten geheimzinnig verhuizen
vermomd in kranten, oude leuzen
gemompeld met een plons
waar meisjes zoals bekend
zich onthullen als monumenten
van één tel, hun gulden boek
laten vullen met een wisbaar
misbaar miniatuur van dons

's nachts heb je ze lief
om haar oudjong gespleten tong
om haar schommelgang, de zilver-
mouches op haar wang

ze is een dame, een deerne
fulpen dichters schuilen zo geerne
in haar schulp, haar glans omhult
met zwoel gepruttel een koeler geduld

zelfstandig

ook vanavond is ze op
als koek in een trommel
als draad op een klos
als papiervel aan een rol

ook vanavond nipt ze even
van het kelkje jonge
zapt geeuwerig wat zenders af
legt haar benen hoger

stelt het bed nog uit
met die foto's op het kastje
met roman en klokalarm

ook vannacht slaapt ze alleen
ze staat naakt voor de spiegel
ze lacht kuiltjes in de verkeerde wangen

apartner

veertig en nog altijd
haar buik van boterbloemen
de warme sloot waar hij
zijn dikkopjes in stoot

nog altijd die volle glans
van gouden munten die
uitmuntend rollen door
zijn vingers – hij seconden
koning, levenslang armlastig

vrouw van veertig, maan
die de fasen dicteert van
zijn fantasmen, van zijn
wolfsgehuil – in de zomerwind

van zijn gefluister: boterbloem
enige met de vranke muil
van flash-en-weg-zuiglippen

enige die – manke seconden –
de honger van zijn duisternis
opzuigt en verslindt

etruskisch

soms toch zoals Mozart
een riet doet trillen, kon
mijn adem jouw lichaam in

en onze doden, jonge en
vermoeide, stonden op
en bleken ongeschonden

de aarde was een tak
waaraan ze bloeiden

soms een keertje een avond
in concerto streken de duiven
om ons neer, zwegen de
sluipende dieren en water
sprong en viel in water

en in het water lag de ruimte
en de ruimte liet zich inkijken
gelijk een gulden boek

zoals Mozart met macht
van adem over riet en zoals
riet dan bovenligt: meer hoefde
niet dan trillen gelijk de bloemen
doen in zomerwind en de wind
die zijn en haar dromen open legt

zo voor even zo hevig
liet onze droom zich weven
gelijk een laken over
jouw lichaam en het mijne
en ze lagen één

en we waren schone doden
van een volmaakte steen

rivier van mijn Jordaan

ze sprak altijd wat lijzig
de Leie
ze draaide haar woorden
en vergat ze soms

en tegenwoordig dan
tussen sassen en kaden
schuifelt ze nog
als tussen een tafel en een bed

het vinden is ze voorbij
ze is gekomen tot een uitgesteld
bijna uitgestald ontbinden
tot een luwte die ze schuwt

die ze aanschouwt
en straks wel aan zal spreken

private dancer

meeuwen gedragen zich
als sneeuw die de vuisten
balt en schetterlacht

dwarrelen is dwarsliggen
in zoveel vlakken dat het
gelijk je om het even wordt

dat het water tussen de
kaden je nadert als een
spiegelbeeld waar je mee
versmelt

sneeuw kan dat
die is de perfecte danser
(staat stil en bestaat niet meer)

een meeuw moet schateren
die herbegint

uit

JOLIE DECADENCE
(2004)

om mijn oud woonhuis – j.h. leopold

's morgens groeten haar de populieren
dansend met zilveren hand
soms laten ze hun haren zwieren
als beroofd van hun verstand

de vrouw drinkt koffie, rookt
haar vriendinnen wuiven, wijzen
dat het scharreleitje kookt
de snede toast oprijst

ze vegen hun palmen aan hun schort
en manen om maar flink te kauwen
de vrouw toont ze haar lege bord
ze halen de zon uit hun mouwen

's avonds wachten haar de populieren
duizend handen aan één oor
ze klaagt over gezwollen klieren
zij hebben daar een drankje voor

ze drijven op de nacht als wieren
de vrouw deint in het huis
samen onder het groot bestieren
delen ze dezelfde ruis

chakra

- na een behandeling -

ze legt hem de handen op
want ze heeft zich opgeladen
met helende kracht

hij grijnslacht om haar geloof
in oude boeken die leren
dat het lichaam aan draden
hangt, aders waardoor het bloed
stroomt van een eeuwig bonzen

maar het zijn die boeken niet
die tintelen in haar vingers
het is de droom
die uit modder mensen kneedt
de hunkering van de eerste maker

zij heeft te veel
om het voor zich te houden
en er is te weinig hier aanwezig
om het aan mee te delen

ze wil hem kneden
tot haar evenbeeld
een tegenbeeld maar evenzeer
een gonzend wezen

zij ziet een bergmeer dat overloopt
in rivieren zilver en gezegend
met ontelbaar ontembaar leven

hij sluit zijn boek van grijnzen
en luistert naar haar bloed
naar de oproep tot verrijzen

Loreleie in Gent

toen was er licht, het tinkelde
tegen de kade, de kamer met het
verbruinde behang was een herfstbos
waarin hij als een vergulde eekhoorn
sprong van blad naar blad

hij wou water veranderen in inkt
lettergrepen moesten neerduiken
en opwaaien als meeuwen
begeerte en verzadiging
het schreeuwen en stille drijven

's avonds straalden de torens
als reuze glimwormen rechtop
gedwongen door de zang van de stad
hun ontdubbeling stond in het grote
vierkant van zijn spiegel en hij
schommelde door de oranje schemer
in een hangmat van Bach

soms zat een meisje in de schelp
van de kuipzetel, ze dronken
Chablis, haar ogen flonkerden
haikoes in poudre de riz

licht was hij toen, niet zwaarder
dan een verend lichaam boven
het wit van haar borsten
een dans die hij neerschreef
in een heldere partituur

dan boog hij uit het raam, zijn ogen
streelden de dode rivier die glom
als een fluwelen halsband, de stad
was vermomd in een joodse schone
hij noemde haar Judith en legde
zijn zwaard al klaar

gauwdief

de dichter blijft onzichtbaar
een gauwdief schuimt de straten
af, komt thuis met een buit van meisjes

de dichter in zijn hok telt
de brokken, stuurt de vingervlugge
blikkengladde wandelen: niet genoeg
nooit genoeg, hoe krijg ik mijn beeld
te samen met zo weinig geur zo
weinig adem

en de stedelijke jager rent, ruikt
aan de sporen in vitrines, aan de
rails van een tram die voort
schuift met gezichten in vitrines

de dichter heeft haar al gezien
maar zijn handen zijn leeg, hij kan
niet zonder namen: van lippen,
lijf en ogen – de gauwdief legt ze
als broches en horloges op tafel

de dichter luistert of ze nog lopen
hij voelt naar groeven in de steen
en mokt: haal mij het gave, het model
van lentes die zich herhalen jaar
na jaar

en de dief met lege ogen schudt
mistroostig het hoofd, kromt
zijn vingers, staat gebogen
over de schouder van de dichter
en krast met zijn nagels in het blad

ze is, nog is ze niet

wild van onschuld is ze
een schelp die verschrikt
met haar wens te breken

weerloos van stilte, een bange
verstarring die zich schendt
met spreken, het bedeesde

wit is ze, schreeuwt om de
bedwingende streken, de grenzen
van houtskool en pen

ze zegt en weerlegt: ik ben
ik ben nog niet – doe mij
worden in de glazen kolf
van je woorden, in de retorten
van je beeldspraak, de klare

omlijn mij want ik vloei
in de gloed die mij verduistert
boei mij verhaal mij boei mij
aan je adem: ik wil genoemd
zijn door jou gefluisterd

petite histoire

zij kwam niet, zij viel voor
als een gebeurtenis – hij opende
zijn deur alsof hij een beeld
onthulde en zijn bloed klaterde
als een applaus

later toen haar schaduw in
de kamer lag als de nagalm
van een doortocht schreef hij
haar geschiedenis in het
spijkerschrift van de droom

hij geloofde zijn vingers niet
die geurden zoals een zee
aan wrakhout op het strand

zij had geglimlacht toen hij
hijgde, als een vorstin om
de ijver van een hoveling
om zijn hoofd dat neerviel
in het korfje van haar borsten

zij kwam niet zij bleef een
leunend beeld in de omlijsting
van de deur een gebeurtenis
en hij haar geschiedschrijver
ontdekte het wiel en brak
op het rad

V en verder

verder moest ik niet reizen
ik had mijn gezicht begraven
in jouw Indische haren terwijl
mijn vingers zich begaven
aan de sitar van je adem

ik daalde naar je velden
vol lavendel noemde jouw
lichaam van ontwaken
mijn verboden tempel
hoewel mijn afvallige
handen al hingen als
apen aan timpanen
en pinakels, aan monstrans

later heb je naam gemaakt
in de glitterbladen het gezelschaps-
dier van partygoden en ik liep
voor het hek met dat buideltje
haren om mijn nek

ver ben ik geweest nooit aangekomen
dan eenmaal met gebeden in jouw
oorschelp bloemen strooiend in
jouw heilige stroom – aan geen leven
gelovend dan jouw lichaam
het langzame landschap nu ik het droom

kooitje

waar zijn de vogels in je verzen,
vraagt ze, en de stromen die
onder bruggen bewegen zoals
een buik onder een hand

wanneer valt er eens sneeuw
met lippen die je nauwelijks
voelt op je vel des te feller
van binnen: lichtjes in een boom

en niemand speelt muziek in
je woorden tenzij die versleten
knekeldans met zijn geschater
en kermakkoorden: wie
ga je daarmee winnen

laten we afspreken, zegt ze,
mijn haar is jouw harp
mijn adem jouw sneeuw, ik zal
stromen onder je hand, ik schreeuw
een vogel, schrijf jij het kooitje

schepper

hij heeft het telkens weer: getintel
in zijn handen dan moet hij in de
aarde grijpen met eigen slijm
en smeer haar kneden, haar randen
aan zijn adem slijpen

en zij is opgewekt en wandelt
een wezen met zijn droom bekleed
opgerezen als een waandenkbeeld
uit de kleigrond van het smeken

hij kijkt en zij verandert
het kleed glijdt af, zij weet
zij vindt de naaktheid uit
haar eigen huid die ontsnapt
aan zijn verlangen

bijna telkens bijna
hij was ze zo nabij en ze bleef
tussen hand en ogen hangen

het wezen dat zijn hoofd bewoont
en aandringt op zijn almacht
het wezen dat zijn adem hoont
en weerzingt en huidlacht

jubileum, een toespraak

wat zijn vrienden
zal ik zeggen dat het minnaars
zijn met wie je nooit zal slapen
zeldzaam als stenen waar een vis
in zwemt een verdwenen soort

zal ik zingen met mijn valse
stem dat ze trouw zijn en eens
een vriend altijd een vriend
ook al drijven op je vel de lever-
vlekken van het verre zwijgen

want zo verlopen onze wegen
bezaaid met land-mijnen, schaad-
uwen: 'zet mij aan land, heb
het land aan mij' – daarom dat we
vaak branden met onze schepen

maar op een dag als deze
vóór de heer verrezen is
die net zo goed een dame kon zijn
een slet mooi en geil en onvolprezen

nu spreken we het uit: er is geen
verdict dat uitsluit geen slotsom
vrienden berekenen niet en daar
gaat het om

Antonin, professor emeritus

hij droeg een sjaal in hartje zomer
want hij moest vrezen voor die ene long
én een alpino – for ever young –
als de helm van een wijsgeer op
een barricade

hij hield boeken – sieraden van
gefluister en herinnering om
te strelen en te ruiken – zoals
een diva zich omringt met poes
en poedel: wat leven in huis, het wil
van je tederheid gebruiken

of zoals andere mannetjes op jaren
om jonge meisjes geven, slapende
doosjes die je wou bewaren om
de namen die eraan kleven

hij luisterde naar het schemerlied
dat klom naar blauwe bloemen
de zegening die het zwijgen biedt
na het snoeven en het roemen

en voorwaar hij vermaakte ons
hij liet zijn stem soms dalen 'niewaar'
een gortdroge plons, een korte
golfslag door ingedommelde zalen

de zalen waar hij alléén voor stond
met voetnoot en verwijzing
dat haakse trekje om de mond
een meirode streep door de vergrijzing

hij droeg een sjaal in hartje zomer
verstrikt verstrooid als elke dromer:
een onvolledig plaatje van een oude
strijder, pezig benig onvoltooid

uit

WINKELDOCHTER
(2005)

en sprak de menigte toe

tot ik verdwijn, blijf je behouden
is er een betere reden om te bestaan

dan te verhalen hoe jij je lichaam
vermenigvuldigen kon zoals
kinderen brood uitdelen aan de vogels

en geen gemene deler maakt een
schonere breuk dan zo'n vis
die door vele vingers gleed
als regen door rul zand

zo zeldzaam kon jij om gaan
als pasmunt, wisselgeld en geen
rekening die klopte – telkens weer
werd het verlangen opgelicht
door die gladjanus, mooiprater
die geboekt staat als begeerte

zo achteloos kon jij gaan liggen
als een achtergelaten fooi, je zei:
'ach, het is een jobstudent' wanneer
hij gemorst had tussen je dijen

je zei dan met een stem die een hele
zee kon doen verdampen: 'wat baat
het te ontvlammen als de brand niet
kan geblust'

femme natale

nog altijd die stem die stuitert
als een kaatsbal in schaterende
kleuren – nog altijd die

neusvleugel die trilt minachtend
als een vlinder die zijn gelijke
niet kent – haar geheim: zij

houdt de buidel der jaren verborgen
onder een lederen jas, toont meisjes-
dromen als de daden van een vrouw

nog altijd de fratsen die een streektaal
uithaalt met het gesteven woord

nog altijd de buiging de hoofse
verrukking van het licht dat over
voorhoofd en neusbrug schrijdt
met een gevolg van flemers en dwepers

zij heeft de begeerte van zijn tanden
beroofd, duldt alleen nog de
vernedering, de hulde van een
heimelijk heimwee naar de waanzin
die haar ontkleden moest om in
haar vlees te sterven – nog altijd

de verzen die zij uit je versuffing
schudt zoals noten uit een dode boom

veldwerk

- een ode aan manuele therapie -

zij onderwijst en leert het weten
dat haar de jaren gaven en de
eeuwen begroeven in het geheugen
van haar bloed: laat de donkere

dagen overwaaien, jij bent het
veld dat roerloos ligt onder
het jagen van de wolken
jij bewaakt het zaad dat werd
toevertrouwd aan de verzonken
plooien van de droom

het zal uitlopen in pluimen
van helmgras en rietkraag
waar de gors in zingt en al
de verborgen zangers
van de zomer – jouw grond

zal de voedzame granen
dragen op de koperen schotel
van zijn buik en het puikje
van zijn bloemen uithangen
zijn witte en zijn blauwe
om de hals van meisjes
die het veer bedienen
tussen de aarde en hun hemel

zij zegt: verwen verwens het duister
niet en zijn niet te duiden stromen
die je gebeente schuren tot precieuze
stenen – zij leert al eeuwen het geduld
van al wat grond is en voorbij
laat gaan om stil te duren

verzoekjes

doden zijn bedeesd al ben je
sedert jaar en dag hun vertrouwde
zender: ze lispelen als laatsten
hun verzoekjes

geen stap naar een steen
geen snik noch schreeuw
die hun naam laat ketsen
tegen muren – alleen

een droom een verhakkeld
verhaal waarin ze de weg
tonen die je samen hebt
gewandeld en plots

een tafel waaraan je samen
hebt gezwegen en dan regen
op een raam en hun gezichten
druipen pas geschilderd
van het glas – meer

heeft hun verlangen niet
verwacht: wat raadsels die
je niet eens oplost of ze
storten in de nacht

zo bedeesd en schuchter
ze vegen de vingers van
je keel, verontschuldigend bijna,
als een verpleegster zo nuchter

verrijzenis in steen

ieder woord zoekt de steen
die het bewaren wil zoals
een stad bestendigt onder
lagen van steden – gangen

worden opgegraven die
straten waren, naar pleinen
leidden waar geofferd werd
aan verjaagde goden, waar
gedanst werd en men de
borsten zag die bij de botten
hoorden – een hoofd zal zich

breken over de ontcijfering
woorden voegen bij delen
van afgebroken lettergrepen
van uitgevlakte namen en
hoofden zullen samen komen
redetwisten zoals goden
over een offergave en licht
zal op de kalende schedels
dansen zoals een meisje
met naakte benen

en het steen zal trillen alsof
het geen steen was maar een
warmbloedig wezen – dát

zoekt elk woord: het wil
minstens door een verbaasde
verbannen god worden opgelezen

Pablo Neruda

hij werd vereerd in de Lichtstad maar
hij wilde bij zijn geluiden zijn: de
brekende golven de meeuwen en het
klokkenspel dat tinkelde in de wind

de postbode heeft ze opgenomen op
nummer: een lijstje boodschappen
dat men afhandelt voor een zieke

hoe ziek is men als men aan dit
heimwee lijdt, aan dit verlangen
naar toekomst wanneer het eiland

van de liefde van de vriendschap
met buren en onbekende vogels
uit zal dijen over de hele wereld

wanneer het lijden onder geseling
en gebrek zal beschreven worden
in de voltooid verleden tijd

tussen twee golven hangt een vrede
een ingehouden adem en in dit
ademloze het suizen van een toon
een trillen – hij zei: er is een vurig

geduld voor nodig om te komen waar
we willen, de mens is nog maar een
miljoen jaar onderweg – het kunnen

er meer zijn of minder maar komende
uit de heuvels van Afrika uit de savannen
of uit de heuvels der golven kan men niet

stil blijven staan, niet bij de afgrond niet
bij de rokende torens. hij zei: toon mij
nog één keer de zee en hij maakte er
nog één keer verzen bij een golvende

trilling en tonen die door staal en
stenen gaan

één eens

een van de twee maar hoe
zal het zijn wanneer het huis
als een blaar gezwollen staat
over leegte – wie vult de koffie

bij wanneer de ander uitkijkt
over de tuin en de merels
benijdt – beklaagt? - die
terugkeren als paar en als

dit huis dit woud van randen in
een vinger snijdt, wie vindt het
doekje voor het bloeden de
pleister op het hout – wie ligt

opgekruld een stralende bult
wanneer de nacht aanvangt
met zijn theater – een van

de twee maar wie zal het zijn
in de glansrol van gruwel
dupe van absurde troost

hoe zal het zijn wanneer
de dagen druppelen door
hun verkalkte percolator
en de wijn van bewaren
verzuurt in de maag – een

van de twee maar wie en
hoe schrijft die brieven
naar het nummer op de bus

wie – en hoe – speldt de
leegte verhalen op de mouw
wie hoort de merels het
zeggen wat men zeggen wou

misschien

misschien was jouw liefde altijd
al mededogen een ontfermen om
wat je enig vond en onvervreemd-
baar deze vreemdeling deze
verzamelaar van spijt – duld

mij nu want de dagen zijn
onduldbaar gulzige happen
die de dood neemt in de
dunne sneden van onze tijd

hoor de kevers bezig in de
kramp van dit gebeente
hoe ze opgaan in hun taak
en lees de wereld zijn bericht
het legt klinkers in de lege
kelen die straks schreeuwen
om wraak

laten wij het geduld aanleren
de vreemde taal die volkeren
spreken die de adem vereren
van boom en fabel het gestage
keren van zee en regen van
zon en bron – misschien is

liefde niet meer dan mee-
bewegen toegeven aan een
zwaartekracht die lichter
maakt – misschien zijn we

zo bedacht, hebben we niets
zo nodig als het mededogen
de warmte van het avondrood
want geen troon verheft je hoger
dan het plooien van een schoot

uit

DE TOREN VAN MONTAIGNE
(2006)

streepjescode

aanstrepen in Montaigne is tuinieren
het onkruid wieden in je hoofd
een stoel bij schuiven, genieten
van roos en reukerwt
van al wat rankt en klimt en slingert
en namen draagt als vlinders:
het beneemt je de adem
en nooit eerder ademde je zo vrij

zo vrijmoedig kan het woord
een toren zijn de gedachte een valk
die uitvliegt neer duikt en zijn buit
komt leggen in je hand

je kijkt door de ogen van Montaigne
uit een toren naar een tuin
naar een man in die tuin
en om ze heen het geruis
van eeuwenoude bomen
en onder je neus het kleurenbord
waarvan je de geur kan raden

een volzin is een spade
die omgraaft, opgraaft
die blootlegt: een bestaan
dat je vermoedde
en het onvermoede dat je moeiteloos
verstaat, dat je herkent zoals men
een tweelingbroer herkent die ooit
als vondeling in een schuif was gelegd

ver heeft hij gereisd
en veel heeft hij te vertellen
maar verder dan deze tuin
hoeft zijn taal niet te reiken
een langer verhaal leidt je om de tuin

een kluit is hoog genoeg
voor wie tot een toren op kan rijzen
voor wie de valk hoort in zijn hoofd
wanneer de namen ruisen als gewaden
al de geluiden verdoven daarbuiten

hope he is a flatterer

hoop is hardnekkig ontkennen
wanneer je verpletterd wordt
onder bewijzen
dat je voorbij zal zijn
zoals een regenbui
die opgaat in wat damp

het is onschuldig pleiten
aan de dood van schilfers
aan je huid
je onwetend houden
van klopkever en trilworm
in moerbalk en lever

het is de getuigenis weerspreken
van al wie opdaagt in je droom
wanneer je starend voor het venster
weer de bomen ziet gebogen
in de zoom van het bebouwde veld

het is verloochenen: ik heb ze nooit
gekend deze vrouw die moeder was
deze vader deze broer die gesprongen is
alsof een hand hem duwde
deze broer die overwoekerd werd
alsof een vloek krioelde in zijn schedel

hoop is een zaak bepleiten
die bij voorbaat verloren is
het is de rechter amuseren
tot hij geërgerd of verveeld
je tot de orde roept:
het is genoeg geweest

en zijn stem is helder
zoals een lucht dat is
na het onweer

het schone bedrog van de hoop – Filip de Pillecijn

hoop is een schoon bedrog
een golvend zacht dan luid muziekje
dat de hamers overstemt
die timmeren aan de galg

hij zalft de huid die is doorgelegen
dempt de bezigheid van maden
met een hemd van talg

hij sluit met een zwierig wapenzegel
de hevige missiven die ongelezen
in een lade verteren

hij is de schelm aan het hof
van een verdorven koning
laat de overladen buiken schudden
en leest in de scheten van zijn vorst
een belofte van zege

zijn vingers tekenen met het tanend licht
al de schaduwbeelden van de jacht
de torens van een driest verleden
vóór dit jichtig nabestaan

en de beelden spreken
de dag van morgen aan
op de toon van intimi
die verzwijgen wat ze beter weten

hoop is een schoon en lustig spel
een listige gids voor wie lastig vinden
en wat men vindt:
we zien wel, zei de blinde

à la Edna St. Vincent Millay

huichelaar, slik die woorden
maar weer in: 'ik hou van je
met al mijn dromen'
hoeveel ikjes heb je in de zin
als je houdt van zoals je droomt?

wie loopt er van ons weg
als je hangt te staren wanneer
de wereld nog ligt ingepakt
in zijdepapier van nevel:
welke popjes laat je dansen
op welke polka welke riedel?

wie gebaart zo galanterig
met zijn handen al zit hij
te wippen met zijn kont
telkens jij aan tafel praat
met gesloten mond?

wie hoort de lieve of lustige woordjes
die jij zo praatvaardig kunt verzwijgen
van wie zijn die grandioze lijven
die jouw virtuoze handen mij tonen?

wie komt er nu weer met je hijgen
achter jouw dichtgeklapte ogen
aan welk orgietje neem ik deel
ben ik erbij word ik bedrogen
in welk koortje zing ik mee:
'ik ook van jou' – stel je voor:
'met al mijn dromen'
heb ik er soms te veel?

amandelen

de jaren ze zouden
wat speelgoed moeten zijn
dat men op kan ruimen

en er zou een herbeginnen zijn
dat voor de eerste keer gebeurt:

een verlegen lach, een aanraking
een vlinderkus - iets dat nauwelijks
iets is en alles verandert

zo heb jij deze dag veranderd:
ik heb jouw ogen gezien
die amandelen
met hun adem van een lang verhaal

over een prinses in een heel ver
oosten misschien die sterven zal
als ze het zwaard niet kan
betoveren met haar stem

val niet over mijn woorden
ze liggen als speelgoed
op de vloer van deze dag

ik heb vandaag jouw ogen gezien
deze nacht zal smaken
naar amandelen

ne te fâches pas quand tu pars.

ga niet woedend van me weg
ik moet je nog onthouden

als een hoofd dat op een kussen lag
het ei dat openbrak in warmte
wanneer de regen een woedende
roffelde op het dak

als een zwijgen in een zetel
wanneer de radio speelde
van toen ik jonger was en je zei:
het klinkt als mosselen in een ketel

als een stap die terugkeerde
op de trap omdat je weer eens
je autosleutel was vergeten
en grijnsde om wat Freud daarover leert

ik moet je nog onthouden
als een lijkbleke
in een lege kamer overgeleverd
aan een witte schort aan het koude
watersoepje in je bord

ga niet woedend ga als vroeger
een lachende op een fiets
wuivend naar de boten
en lachend om niets
voorlopig verloren in een bocht
voorbij het wuiven van het koren

ik hou je bij de hand al glijd je
door mijn vingers, een hijgende
schaduw in die zomernacht
dat we het deden op het strand

als het donkere kuiltje in de morgen
vóór het opschudden van het kussen
als de geur van sokken in een builtje
die oploste in de regen, een muisjesregen
die trippelde door de heg en de heg
verwijdde zich voor mijn ogen
tot het wuiven van een woud

ga niet woedend van me weg
zo wil ik jou niet onthouden

Noenendal

we sliepen op geurige kussens
voor het open venster bloeide
de boomgaard en in de hoge
linde zong een lijster

je huid was nog onbeschreven
door de rekenmeesters
van het overleven, alleen
mijn hand lag als een leeslint
in het gebedenboek van je dijen

- wat waren we godsdienstig toen
onze tong een heilige hostie
die smolt op onze tong –

het huis stond op de aderen van een bron
en soms kon je de steden zien
over de grens: kleine waterlelies
in de vijver van de roerloze nacht

die winter was de oprit een holle wegel
in de sneeuw en steeg het zwijgen op
uit het stokoude boertje
dat 's zomers zo graag over de hagen
hing en wilde verhalen vertelde
terwijl jij naakt te zonnen lag

we woonden in verwondering
op onze berg maar de verwarming
was niet te betalen

huis van bewaring

nooit ziet men klaarder
dan achterom
hoe verder hoe scherper
lijkt het wel

men moet afstand doen
van al wat het oog vertroebelt:
stemmen, gestalten
die galmen als een uithangbord

het gaat om inkeer
de treden aflopen die voeren
naar een innerlijke kamer
de fresco's zien, de mozaïeken
op vloer en wand

voelen hoe de nissen
van het gemis zich vullen met beelden
ze benoemen zoals de eerste mens
de namen bedacht van dier en plant

men moet diep afdalen
en zwijgen – en geesten verschijnen
met een huid van glas, het is
met de wasem van hun adem
dat men dit optekent
als een getuigenis:

nooit ziet men klaarder
dan achterwaarts
men is een huis van bewaring
en niets dat nodig is
gaat ooit verloren

yes, in the sea of life an island

neen, een mens is niet gemaakt
om met zichzelf alleen te zijn
daarom haalt men er een derde bij
een buitenstaander die soms binnendringt
zoals ordetroepen een muitende stad

want een mens alleen wordt zwaar belaagd
door morrend volk door oplichters
en predikheren die van het einde spreken
door de richel en zijn tuig

men haalt er een derde bij
om uit zichzelf te breken
als uit een brandende wagen
wanneer de gordel klemt

een stem roept men erbij
om de souffleur te overstemmen
die als een razende staat te roepen

louter een lichaam
voegt men aan zich toe
een omringend landschap
om zwijgend over uit te kijken
terwijl het slaapt, zijn kwijl
laat stromen op de sloop

een lieflijk dierlijk lichaam
dat siddert in een droom:
wie zich niet omringt
die wordt omsingeld

bij een verhaal uit een woestijn

salaam aleikum
wa aleikum al-salaam
dit is de mooiste mantra

vrede
niet des heren niet der dame
nederig ja, maar niet buigend
niet getuigend
van een andere majesteit
dan de eigen adem

geen beeld dat door je ogen
in je hersens brandt
of uit je hersens opstaat
en je ooglens verlamt

in de wadi niet meer zien
dan een wadi
en een tentendorp hoeft niet
meer te zijn dan een tentendorp

in dit boek wandelen kamelen
met de heuvels van zand
schepen doen een haven aan
en varen uit
oude mannen in gewaden zijn verdwenen
maar hun verhalen bleven aan boord

salaam aleikum
de verwondering daalt neer
bij hun verschijning uit je blad
wa aleikum al-salaam

zand veegt de afwezigheid uit
als een langzame kelner
een blinde die moet tasten
terwijl hij een tafel dekt
voor een avondmaal en jij
bent de laatste van de gasten

en zie, het wordt aangedragen
op een schaal van roodkoper
een scharlaken wijn danst in kristal
en hoor de wuivende huivering
van tule en taf over huid en haren
van kaneel en sisal

je zit gehurkt gehuld
in indigo en dieppurper
en na de maaltijd: de tijd van geluiden
het ontwaken van de nacht

vrede is niets hoeven te duiden
alles is alsof je niets anders had betracht

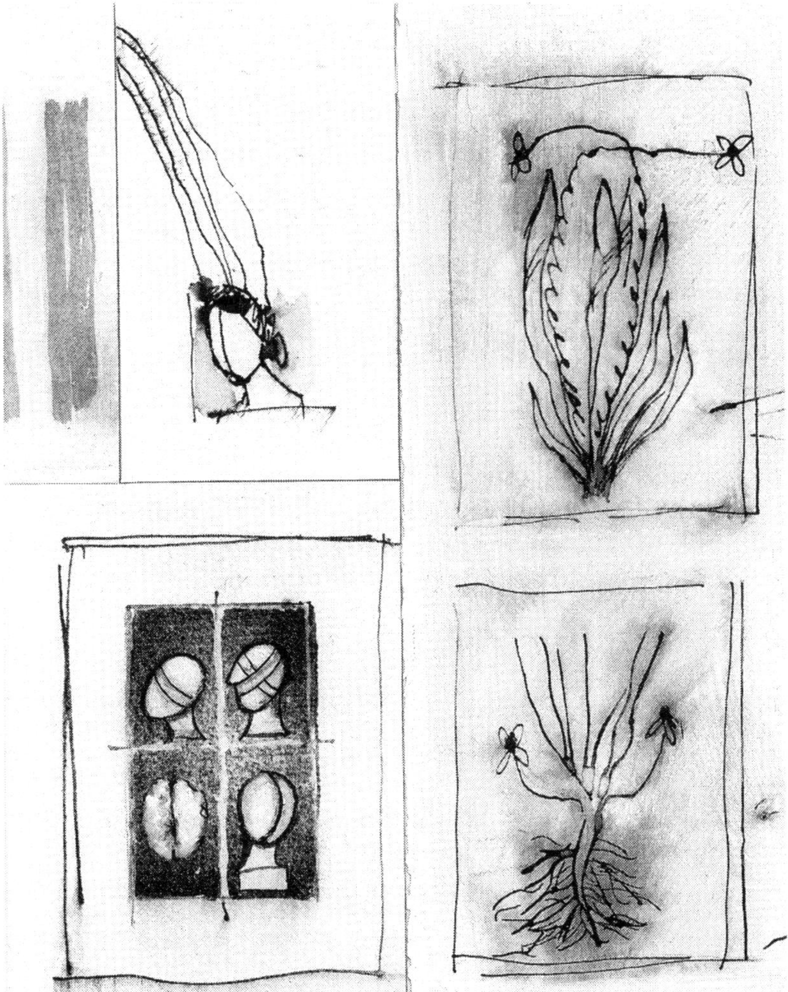

ADDENDUM

(een paar prijsbeesten en een ode)

fosfor *

jaren heeft hij verbleven in de kamers aan de kade -
ze hebben meisjes gezien, weke jonge vrouwen
die neerlagen als blekere beelden in de fosfor
op de stenen van Belfort en kathedraal

zelf was hij een wachter in een wankele toren,
een jongen nog in de boom van zijn vermolmend lijf

altijd bleef er één nog die moest komen, die kwam
en schaterend overwon of wegbleef al zeker
van haar zegepraal

het water droeg de meeuwen die even zwegen,
volgevreten of moe geschreeuwd, en aken
die niet meer voeren, die galmden
van verleden: kanalen in het Zuiden
die aan ze kleefden met pokken van heimwee

zoals hij daar bij het venster, een jongen
in een boom, spelend met een touw en ziek
van heimwee naar de weeë geur, naar het beeld
in fosfor: de nooit volkomen aanwezige vrouw

** eerste prijs CC Boontje Sint-Niklaas 2006*

nargileh **

aan parelmoer dacht je
een lichaam van rozen
en nachtegalen, het sluike
haar een wuivende franje
aan een altaarkleed

wie zag ze toen ze omkeek:
een fluitspeler in een tuin
terwijl een waterpijp wordt
doorgegeven, een koningspalm
werpt de schaduw van een hand

weef dit beeld in woorden
van zijde en filigraan:
strooilicht, een wegzweven
dat bleef achter gesloten ogen

van parelmoer dacht je
een wezen van rozen
en nachtegalen, en jij
verdoofd aan een waterpijp

****
prijs Stichting Beeldspraak Nieuwegein 2007

in memoriam Hugo Claus

- weep for Adonis, he is dead. Shelley -

zijn laatste verschijning:
we zagen de bevende meester,
zochten vergeefs de kop
van een keizer, de jonge god
die baardige goden uit hun holen
rookte met de vlammenwerper
van zijn woord

treur om Adonis, hij is dood,
springlevend zoals alleen
de grote dansers zijn: zij
die verdwijnen achter
het kamerscherm van hun
verbeelding en ons laten
raden naar het lichaam
dat hoort bij het silhouet

waar was het sonore, de praal
en smaal van zijn idioom:
ooit dorpsidioot in Vlaanderen,
steeds seigneur in de wereld van
dure teven, pissebed en missaal
(de kunst van kathedralen?
de lucht in, zei de geus, de seigneur
boog voor een heidens altaar,
de brandende braambos van de vrouw)

potsenmaker, heerser over
schaduwbeeld en openbaring,
meester in vermomming, speler
met pietjesbak en leugen
alsof hij paus en koning
bij hun pietje had

treur om Adonis, hij is dood,
hij verrijst bij elke lezing:
geen dop, geen steen houdt
deze geest in de fles en zie
hoe sierlijk hij door je kamer
zweeft, omwikkeld door vloek
en bezwering, schunnigheden,
tederheden, de aanroeping
van aardse goden

treur niet om Adonis, hij is
jou zopas verschenen

een stuk of wat

is dit genoeg? vraag het aan
een dode vader: bent u nu
voldaan, mag ik komen slapen
bovenop uw ribbenkast?

zijn kin valt open in een schaterlach
of toch een poging om te praten:
al de woorden die toen ontbraken,
je zal ze moeizaam raden wanneer
je na het dromen moet ontwaken

en moeder zal toegeeflijk zijn
met zo weinig steeds tevreden;
een oudere broer stoot zijn vrienden
aan alsof de blauwe striemen
in zijn hals er niet geschreven staan

meer werd van jou verwacht, niet minder
dan een wonder: je was een zwijgzaam
kind dat zonderlinge woorden opzoog
als een klontje suiker, als het zoethout
uit de blikken doos en een poos

kon vader kijken, de jongen zien
die hij zou worden indien
het leven anders was, met kansen
voor een vlijtige zoon en klopjes
op de magere schouder

je klopt bij al die poorten aan,
onder je arm een schamel pakje:
kijk, dit heb ik zelf gedaan, al zat
reeds alles, vader, in uw kwakje

Inhoud

Uitgegeven met steun van de Provincie West-Vlaanderen